Questi

Dieu est-il cohérent ?

Emile Nicole

farel
EDITIONS

B.P.20, MARNE-LA-VALLÉE CEDEX 2, FRANCE

Association des Groupes Bibliques
Universitaires de France
21, rue Serpente
75006 Paris
www.gbu.fr

DANS LA MÊME COLLECTION AUX ÉDITIONS FAREL :

L'évangile : un message honteux ? *de Jacques Buchhold*

Si Dieu existe, pourquoi le mal ? *de Louis Schweitzer*

Sexe et désir : fruits défendus ou cadeaux de Dieu ? *de Jonathan Hanley*

Le désespoir, quelle issue ? *de William Clayton*

Médias : quelle (télé) vision ? *de Pierre-André Léchot et Alain Stamp*

La Trinité : mystère futile ou réalité essentielle ? *de David Brown*

Vivre dans un monde créé, *de Lydia Jaeger*

B.P. 20
77421 Marne-la-Vallée, Cedex 2, France

1re édition : décembre 2007

Les références bibliques ont été traduites par l'auteur à partir des textes originaux (hébreux et grecs).

Couverture : Jacques Maré – IOTA
Composition : Éditions Farel

Impression : IMÉAF, 26160 La Bégude de Mazenc, France
Dépôt légal : décembre 2007 — N° d'impression : 07-0900
ISBN : 978-2-86314-363-6
ISNN : 1774-3311

Introduction

Dieu est-il cohérent ? Question à la limite de l'impertinence ou de l'inconscience : comment un être humain, si tâtonnant et balbutiant pour essayer d'élaborer une *pensée* cohérente et plus encore pour conduire une *action* cohérente, pourrait-il décemment entrer en débat avec Dieu sur ce sujet ? Faudra-t-il, à peine la question posée, la déclarer irrecevable et clore prématurément ce livre au titre sacrilège ?

Non, car Dieu, si l'on en croit la Bible, ne semble pas, quant à lui, exclure un tel questionnement, si audacieux soit-il. N'est-ce pas sur la cohérence de l'action divine qu'Abraham s'interroge lorsqu'il pose cette question osée : « Le juge de toute la terre n'agirait-il pas selon l'équité ? » (Genèse 18.25). Le dialogue, Dieu le souhaite et l'entretient, parce qu'il comprend que l'être humain puisse ne pas saisir d'emblée la cohérence de son action. Le dialogue, il le souhaite même au point de faire de l'être humain un réel partenaire de son action. C'est bien ainsi qu'il considère Abraham lorsqu'il lui fait part de son intention de détruire Sodome : « Cacherais-je à Abraham ce que je vais faire ? » (Genèse 18.18).

Osons donc la question tout en nous souvenant que c'est d'abord nous qui risquons de ne pas comprendre ou de mal comprendre la cohérence de la pensée et de l'action de Dieu.

Cette pensée et cette action de Dieu, la Bible nous les donne à comprendre en deux étapes bien marquées que l'on appelle ancienne et nouvelle alliances et qui correspondent aux deux parties de la Bible, l'Ancien et le Nouveau Testament [1]. C'est à ce

---

1 Alliance et testament sont en fait deux manières différentes et approximatives pour rendre en français le même mot qui, dans la langue originale, hébreu ou grec, désigne les dispositions prises par Dieu pour

propos que la question de la cohérence de Dieu se trouve souvent posée : on oppose l'image de Dieu inquiétante, voire terrifiante qu'imposerait l'Ancien Testament à l'image plus rassurante du Nouveau. Cette opposition trouve au moins une part de justification dans la phrase bien connue qui forme la conclusion du prologue de l'Évangile selon Jean : « La loi a été donnée par Moïse, la grâce et la vérité sont venues par Jésus-Christ. » (Jean 1.17). La différence, incontestable, entre les deux alliances est signalée et soulignée par le double contraste : celui des *figures* emblématiques, Moïse et Jésus-Christ, et celui des *thèmes* ou principes, la loi d'un côté, la grâce et la vérité de l'autre.

Cette différence n'empêche pas pour autant que, d'une alliance à l'autre, le même Dieu poursuive le même dessein dont les deux alliances sont les deux étapes distinctes et coordonnées. Les auteurs du Nouveau Testament en sont profondément persuadés ; ils en donnent constamment la preuve.

Tout au long de l'histoire de l'Église, les chrétiens, notamment les théologiens, n'ont cessé de s'interroger sur l'articulation entre les deux alliances et d'élaborer des modèles conceptuels pour en rendre compte. D'autres ouvrages s'emploient à exposer et à comparer ces modèles. La voie que l'on entend suivre ici pour percevoir la cohérence du dessein de Dieu est celle de l'étude biblique, de la théologie biblique. On propose de saisir quatre thèmes majeurs d'un livre de l'Ancien Testament, le livre de l'Exode, en s'efforçant de comprendre, pour chacun d'eux, la cohérence de l'action de Dieu d'une alliance à l'autre.

Chacun de ces thèmes correspond à une partie importante de l'ouvrage. Le premier, *Dieu libère*, coïncide avec la première moitié du livre (chapitres 1-15), le second, *Dieu donne sa loi*, avec la seconde moitié (chapitres 19-40). Le troisième, *Dieu pardonne*, on le rattachera à l'épisode du veau d'or (chapitres 32-34). Contrairement aux deux précédents, le récit n'occupe que trois chapitres du livre, mais il rapporte un événement majeur dont la thématique ne peut se réduire à celle de la libération ou du don de la loi. C'est à la faveur de ce même récit que l'on abordera le sujet de la *présence de Dieu*, qui, lui aussi, sous-tend l'ensemble du livre. À l'énoncé des quatre thèmes, on aura compris que l'on touche au cœur de la révélation biblique.

---

garantir à ses partenaires humains des relations définies et stables : Dieu s'y engage et précise ce qu'il attend de l'être humain.

CHAPITRE 1

Dieu libère (Exode 1-15)

Dieu libère : thème majeur de tout l'Ancien Testament. Dieu a choisi de se faire connaître dans l'histoire comme celui qui a libéré le peuple d'Israël de l'esclavage en Égypte. On le comprend. L'image est éminemment positive : Dieu en défenseur des opprimés, des parias, Dieu prenant le parti des faibles contre la plus grande puissance de l'époque et parvenant à les libérer. Manifestation de sa puissance et de sa justice.

En désignant de manière systématique le peuple opprimé comme les *Hébreux*, terme utilisé de manière hostile et méprisante par les Égyptiens, le récit souligne à quel point Dieu fait cause commune avec les opprimés. C'est d'abord comme porte-parole du *Dieu des Hébreux* que Moïse devait se présenter devant le pharaon : « Yahvé, le Dieu des Hébreux, nous est apparu. Permets-nous de faire trois journées de marche dans le désert pour offrir des sacrifices à Yahvé, notre Dieu. » (Exode 3.18). Moïse, le moment venu, prenant quelque liberté avec les consignes reçues, s'adressera au pharaon de manière impériale, au nom de Yahvé, le Dieu d'*Israël* : « Ainsi parle Yahvé, le Dieu d'Israël : laisse aller mon peuple pour qu'il célèbre une fête en mon honneur. » (Exode 5.1). Après la réponse cinglante du pharaon : « Qui est Yahvé pour que j'obéisse à sa voix ? » (Exode 5.2), Moïse se voit contraint de reformuler sa demande de manière nettement plus modeste : « Le Dieu des Hébreux nous est apparu. Permets-nous de faire trois journées de marche dans le désert ... » (Exode 5.3).

Le récit fait ressortir le caractère odieux de la puissance asservissante. On y retrouve les traits des régimes oppressifs qui ont sévi et ne cessent de sévir tout au long de l'histoire. L'argumentaire xénophobe, qui exagère la menace : « Voici le peuple des Israélites est devenu plus nombreux et plus fort que nous. » (1.9) [1]. Les travaux forcés, utilisés non seulement pour réaliser une économie de main-d'œuvre, mais aussi pour décimer les populations qui y sont astreintes. L'emploi d'auxiliaires parmi les Hébreux pour diviser le peuple. Jusqu'aux mesures d'élimination directe à la naissance : « Jetez dans le fleuve tout garçon qui naîtra et laissez vivre toutes les filles. » (1.22).

D'autres traits apparaissent encore : le refus de tout congé, même pour motif religieux [2], la surenchère dans la cruauté qui consiste à répondre à des demandes d'allègement par un renforcement des contraintes [3], le jeu du chat et de la souris où l'on promet pour revenir au dernier moment sur ce qui avait été promis, enfin l'acharnement extrême, qui amène le pharaon à poursuivre encore les Hébreux, même après les avoir chassés [4].

On comprend que cette image si positive du Dieu qui libère ait

---

1 À partir de maintenant, toutes les citations tirées du livre de l'Exode ne mentionneront que chapitres et versets. Seules les citations d'autres livres de la Bible mentionneront le titre du livre.

2 Réponse du pharaon : « Ce sont des paresseux ; voilà pourquoi ils crient : Allons offrir des sacrifices à notre Dieu ! » (5.8).

3 « Vous ne donnerez plus, comme d'habitude, de la paille au peuple pour faire des briques ; qu'ils aillent eux-mêmes s'en ramasser. Vous leur imposerez néanmoins la quantité de briques qu'ils faisaient d'habitude, vous ne la diminuerez en rien. » (5.7-8).

4 « Les sentiments du pharaon et des gens de sa cour changèrent à l'égard du peuple. Ils dirent : Qu'avons-nous fait en laissant partir Israël, alors qu'il était à notre service ? Le pharaon attela son char et prit son peuple avec lui. » (14.5-6).

éveillé la foi, la consolation et l'espérance de tant d'opprimés au cours de l'histoire. Proches de nous, les esclaves noirs d'Amérique dont les *negro spirituals* puisaient leur inspiration dans les récits de l'exode : *« Let my people go ! »* Il n'est pas surprenant que cette image ait donné naissance dans le dernier quart du 20e siècle à un courant théologique dénommé *théologie de la libération*.

Cependant cette image de Dieu libérateur des opprimés, dont on apprécie tant le caractère positif, comporte aussi les traits inquiétants et menaçants que l'on ne peut manquer de percevoir. Le Dieu qui libère les Hébreux est celui qui inflige à l'Égypte des *plaies* terribles qui sèment la désolation et la mort dans le pays, jusqu'à la terrible dernière plaie où tout premier-né est frappé. Dieu n'est pas seulement celui qui s'oppose au pharaon, mais celui qui *endurcit* son cœur pour qu'il s'obstine et fasse ainsi éclater d'autant plus la puissance et la gloire de Dieu [5]. Dieu ne se contente pas de protéger son peuple de l'armée du pharaon, il *anéantit* l'ennemi, précipitant au fond de la mer, chevaux, chars et cavaliers, comme le chante le peuple en dansant au son du tambourin (15.21). S'il libère son peuple esclave en Égypte, c'est pour lui donner en possession la terre de Canaan où vivent les peuples dont la liste est régulièrement égrenée dans le récit biblique : « Cananéens, Hittites, Amoréens, Phéréziens, Héviens, Jébusiens. » (3.17) et que les Israélites auront mission d'éliminer sans pitié lors de la conquête, hommes, femmes, vieillards et enfants, au nom de Dieu. Le récit biblique le dit explicitement [6].

Le grand acte de libération qui marque le début de l'histoire du peuple de Dieu comme nation serait-il aussi décevant, aussi inquiétant que la plupart des révoltes, des révolutions qui se sont succédées au cours de l'histoire ? Aussi violentes, aussi cruelles, parfois plus encore, que les régimes oppressifs auxquelles elles

---

5 Dieu, en exposant son plan d'action à Moïse, explique : « Je ferai en sorte qu'il s'entête et ne laisse pas partir le peuple. » (4.21). Voir ensuite, les mentions répétées de l'entêtement du pharaon (7.13,22 ; 8.15,28 ; 9.7,34,35) et de l'action de Dieu pour qu'il s'entête (9.12 ; 10.1,20).

6 Deutéronome 7.2,16 ; 20.16 : « Tu ne laisseras la vie à rien de ce qui respire. »

devaient mettre fin ? Libération pour Israël, catastrophe pour l'Égypte, génocide pour les Cananéens.

Le dilemme est sérieux, il touche en fait à la méchanceté humaine, celle des oppresseurs et aussi celle des opprimés. Est-il possible de vaincre l'oppression sans éliminer les oppresseurs ? Plus inquiétant encore : est-il possible de vaincre une oppression sans que les opprimés, une fois libérés, ne se transforment en oppresseurs ? Les opprimés, objectivement victimes de ceux qui les oppriment, sont-ils foncièrement meilleurs que leurs bourreaux ? Ou, est-ce seulement la situation défavorable dans laquelle ils se trouvent qui empêche que leur méchanceté se révèle ?

Face à ce dilemme, le chrétien, éclairé par la révélation de la nouvelle alliance, peut répondre que la vraie libération opérée par Dieu est une libération spirituelle qui touche au cœur de l'être humain. Pour accomplir cette libération, Dieu ne s'est pas contenté de mandater un homme comme Moïse pour parler en son nom à l'oppresseur « laisse partir mon peuple », et pour accomplir les prodiges nécessaires à la libération. C'est son propre Fils que Dieu a envoyé, son fils unique. Dieu s'est directement impliqué, il a payé de sa personne, dans le sens le plus fort de l'expression.

Lorsque Dieu s'adresse à Moïse, pour lui faire comprendre qu'il allait désormais s'impliquer personnellement dans la situation, il lui dit : « J'ai vu la misère de mon peuple, j'ai entendu son cri, je connais ses douleurs, je suis *descendu* pour le délivrer » (3.7-8). C'est une façon de parler, une manière de dire que Dieu qui semblait loin de son peuple, le laissant à la merci de l'oppresseur durant deux règnes successifs [7], va maintenant s'engager directement dans l'action, on va le voir à l'œuvre.

Mais en Jésus-Christ, Dieu est vraiment, concrètement, physiquement, descendu pour opérer la grande œuvre de libération, pour racheter, non seulement une génération d'Hébreux esclaves en Égypte, mais des êtres humains de toutes les générations et de tous les peuples. Et pour libérer, non seulement d'un tyran humain, mais de la puissance du diable lui-même, bien plus

---

7 Juste avant le récit de la vocation de Moïse, le narrateur fait sentir à quel point l'oppression du peuple se prolonge après la mort du premier pharaon oppresseur : « Longtemps après, le roi d'Égypte mourut ; les Israélites gémissaient et criaient encore dans leur esclavage. Les appels au secours qu'ils lançaient dans leur esclavage montèrent vers Dieu. » (2.23).

redoutable que le pharaon. Pour libérer non seulement de la mort physique à laquelle étaient voués les esclaves Hébreux, mais de la condamnation prononcée sur tous les hommes à cause de leur culpabilité devant Dieu.

Telle est la grande, la vraie libération opérée par Dieu. Et par rapport à cette libération qui nous est accessible aujourd'hui dans la nouvelle alliance, la libération de l'exode n'est qu'une préfiguration. Ce qui constituait la grande libération de l'ancienne alliance, était en fait l'annonce d'une autre délivrance, bien plus grande encore, et plus profonde, et plus glorieuse, et plus définitive, dont nous pouvons être aujourd'hui bénéficiaires. Elle est si centrale, fondamentale qu'elle étend son influence sur toute l'histoire humaine depuis les origines jusqu'à la fin des temps.

Telle est la cohérence de l'action de Dieu. Elle est bien perceptible dans certains traits caractéristiques de la libération de l'exode. On pourrait en relever plusieurs, allons immédiatement à l'essentiel.

Le point focal de cette libération, le moment décisif qui sera rappelé chaque année dans la fête qui commémore la libération, la Pâque, c'est l'immolation d'un agneau dont le sang est porté sur les montants et le linteau de la porte de chaque maison.

C'est la dernière plaie, celle qui va enfin contraindre le pharaon à laisser partir les Hébreux. C'est la plaie la plus terrible, elle va toucher chaque famille, de la plus noble à la plus humble, depuis la cour de pharaon jusqu'à la famille d'esclaves. Dans chaque famille il y aura un mort : le fils aîné. C'est la dernière arme employée par Dieu pour faire plier l'oppresseur.

Mais si Dieu a décidé de frapper ainsi les Égyptiens, pourquoi les Hébreux doivent-ils se prémunir contre la plaie ? Lors des plaies précédentes, Égyptiens et Hébreux étaient souvent frappés indistinctement. Cependant lors de certaines plaies, Dieu avait tenu à distinguer les opprimés et les oppresseurs pour ne pas faire subir aux opprimés les malheurs destinés à faire fléchir les oppresseurs. Ainsi lors de la quatrième plaie, les mouches venimeuses, Dieu annonçait : « Je traiterai différemment le pays de Gochèn où se tient mon peuple ; là il n'y aura pas de mouches venimeuses, afin que tu saches que moi, le Seigneur, je suis au milieu du pays. Je mettrai une démarcation libératrice entre mon peuple et ton peuple. » (8.18-19). Même distinction lors de la cinquième plaie ;

la peste du bétail (9.4), la septième ; la grêle (9.26) et la neuvième ; l'obscurité (10.23).

Impossible d'imaginer que Dieu ne sache pas distinguer les Hébreux des Égyptiens, et qu'il faille cette précaution supplémentaire d'un signe distinctif sur les maisons des Hébreux pour éviter toute erreur. Au cours de toutes les guerres, il se produit de ces tragiques accidents où des soldats sont abattus par des tirs de leur propre camp, des « tirs amis » comme on les désigne avec une triste ironie. Dieu ne saurait être sujet à ce genre d'erreur de calcul ou d'appréciation. Même en pleine nuit ! Pourtant c'est bien à l'attention de Dieu que le signe est apposé sur les maisons : « Le sang sera pour vous un signe sur les maisons où vous serez : lorsque *je* verrai le sang, *je* passerai au-dessus de vous, et il n'y aura pas sur vous de fléau destructeur quand je frapperai le pays d'Égypte. » (12.13).

L'idée est reprise encore deux fois dans le même chapitre (versets 23 et 27). Au verset 27 ce signe constitue l'explication donnée au fils qui s'interroge sur le sens du rite de la Pâque : « C'est le sacrifice de la Pâque pour le Seigneur, qui a passé au-dessus des maisons des Israélites en Égypte, lorsqu'il frappa les Égyptiens et préserva nos maisons. »

Pourquoi ce signe ? Deux explications complémentaires peuvent être avancées.

1) Par ce signe les Israélites expriment leur *foi*. Et cette foi est indispensable à leur salut. Ils ne bénéficieront pas de la délivrance, sans avoir eux-mêmes, dans chaque famille, dans chaque maison, manifesté par un geste concret qu'ils font confiance à Dieu, qu'ils prennent au sérieux ce qui leur a été dit. Lors de la septième plaie, la grêle, Dieu avait donné au pharaon une occasion similaire de montrer qu'il prenait au sérieux la parole de Dieu. En annonçant la grêle pour le lendemain, Moïse ajoutait à l'attention du pharaon : « Fais donc mettre en sûreté tes troupeaux, tout ce qui t'appartient dans la campagne. La grêle tombera sur tous les humains et sur toutes les bêtes qui se trouveront dans la campagne et qui n'auront pas été rassemblés à la maison, ils mourront. » Et le récit note les conséquences : « Les gens de la cour du pharaon qui craignirent la parole du Seigneur mirent à l'abri dans les maisons leurs serviteurs et leurs

troupeaux. Mais ceux qui ne firent pas attention à la parole du Seigneur laissèrent leurs serviteurs et leurs troupeaux dans la campagne. » (9.19-21). C'est donc bien un signe de foi que Dieu demande aux Israélites. Mais pourquoi ce signe pour protéger de la plaie, et non, par exemple, pour être admis au départ ? Et pourquoi du sang ? Le signe souligne bien que les Israélites eux-mêmes auraient pu, auraient dû, être frappés de la même plaie que les Égyptiens.

2) Ce signe de foi est donc en même temps un signe de *grâce*. Un signe de la grâce dont bénéficient les Israélites au moment de leur libération. De quoi sont-ils invités à se souvenir en rapport avec cette libération ? Que les Égyptiens ont été frappés ? Qu'ils ont pu eux-mêmes enfin partir ? Certes, le récit rappelle tout cela, et avec tous les détails utiles, mais ce qui est au cœur du rite de la Pâque, c'est l'agneau, c'est le souvenir qu'ils auraient pu mourir, que chaque premier-né aurait pu, aurait dû, être frappé, comme l'ont été tous les premiers-nés des Égyptiens.

Souvenir de libération tout à fait étonnant, paradoxal. De quoi se souviennent les libérés : ils se souviennent d'avoir été épargnés par Dieu, lors de l'acte même de libération où ils auraient pu subir le même sort que leurs oppresseurs. Un agneau par famille, là où il y aurait eu un mort par famille. Et la chose est encore soulignée par la coutume obligatoire du rachat des premiers-nés dont l'institution est rapportée en rapport avec la Pâque (13.11-16). Tout mâle premier-né, parmi les animaux, comme parmi les humains, doit être offert en sacrifice à Dieu ou racheté. L'explication du rite est donnée à l'intention du fils qui posera la question : « Comme le pharaon refusait obstinément de nous laisser partir, le Seigneur a tué tous les premiers-nés en Égypte, depuis les premiers-nés des humains jusqu'aux premiers-nés des bêtes. Voilà pourquoi j'offre en sacrifice au Seigneur tout mâle né le premier de sa mère, et je rachète tout premier-né parmi mes fils » (13.15). Et le texte ajoute, « ce sera un signe » (verset 16).

Le sacrifice de l'agneau qui est au cœur de la célébration de la libération, renvoie à la question dérangeante de la méchanceté des victimes, méchanceté potentielle, mais aussi déjà réelle. Dès les premières tentatives de Moïse pour secourir les siens, le récit nous fait entrevoir cette méchanceté sordide et désolante. Entre

Hébreu opprimé et Égyptien oppresseur, Moïse a pris parti le premier jour : il a tué l'Égyptien qui frappait un de ses frères (2.11-12). Mais le second jour, la même scène se reproduit entre deux Hébreux. Les opprimés, eux aussi, se querellent et se frappent, et Moïse ne parvient pas à s'imposer pour mettre fin à cette violence interne. Son exploit de la veille qui aurait dû lui valoir quelque considération de la part des siens, est cité contre lui d'une manière qui lui fait craindre, avec raison, le pire. Ses frères, certains d'entre eux tout au moins, sont plus attachés à leurs querelles individuelles, qu'à la cause du peuple opprimé pour laquelle, lui, Moïse, vient de renoncer à tous les avantages dont il bénéficiait, et de prendre les plus grands risques.

Dieu a pris le parti de son peuple opprimé, contre les Égyptiens qui l'oppriment. Il a pris le parti des victimes contre leurs bourreaux. Mais il ne considère pas pour autant les victimes comme innocentes devant lui. Devant lui, opprimés comme oppresseurs se retrouvent coupables, sous la menace d'un châtiment commun auquel on ne peut échapper que par grâce.

La cohérence avec l'œuvre de libération accomplie par Jésus est impressionnante. Elle est soulignée dans le Nouveau Testament par l'emploi du symbole de l'agneau pour désigner le Christ. C'est ainsi que Jean-Baptiste présente Jésus : « Voici l'agneau de Dieu qui ôte le péché du monde. » (Jean 1.29, 36). Paul écrit aux Corinthiens : « Christ, notre Pâque, a été immolé. » (1 Corinthiens 5.7). Pierre rappelle à ses lecteurs qu'ils ont été rachetés « par le sang précieux de Christ, comme d'un agneau sans défaut et sans tache » (1 Pierre 1.19). Dans le livre de l'Apocalypse, l'Agneau devient le titre préférentiel que reçoit Jésus dans la gloire céleste : il est ainsi nommé dans ce livre deux fois plus que sous son nom de Jésus.

Le fait même que la mort de Jésus ait eu lieu à l'occasion de la fête de Pâque relie étroitement les deux événements. Jésus, en instituant le repas-souvenir de sa mort au cours du repas de la Pâque, a rendu ce lien tout à fait explicite. Il n'y a rien de plus fondamental dans le message biblique. C'est là que se trouve la cohérence majeure et fondamentale du dessein de Dieu.

Il faut cependant revenir en arrière car on a laissé en suspens certains aspects inquiétants de la libération de l'Exode : les malheurs survenus aux Égyptiens, l'endurcissement par Dieu du pharaon, l'extermination des Cananéens. Une fois la cohérence repérée entre la libération ancienne qui est le type de la libération nouvelle accomplie par le Christ, que faut-il faire de ces aspects inquiétants ? De ces aspects qui font précisément dire à certains, que le Dieu de l'ancienne alliance serait bien différent de celui de la nouvelle ?

Faut-il les considérer comme des imperfections caractéristiques d'un événement qui n'est qu'une préfiguration de la vraie libération qui sera accomplie par Jésus ? Les ombres de la réalité ancienne ne faisant alors que mettre en évidence les clartés admirables de la nouvelle. Dans la libération accomplie par le Christ, l'ennemi vaincu, ce n'est pas l'armée du pharaon noyée dans la mer, ce ne sont pas les Cananéens exterminés, c'est l'Adversaire lui-même, dont le nom hébreu, Satan, signifie précisément *adversaire*, celui qui tient les hommes prisonniers du péché. Et dans cette libération, Dieu ne triomphe pas en écrasant l'oppresseur humain, c'est lui qui donne son propre Fils, non seulement premier-né, mais fils unique. C'est la menace même encourue par les oppresseurs et les opprimés que Dieu prend sur lui pour en délivrer les croyants.

Certes la mort d'un agneau, qu'on égorgera de toute façon pour faire un bon repas en famille, ne peut en rien absoudre des coupables. Comment un agneau pourrait-il compenser la perte d'un fils aîné ? Seule la mort du Christ peut libérer parfaitement et totalement de la culpabilité contractée devant Dieu.

Le caractère dramatique de l'ancienne libération avec les nombreuses victimes qui en font les frais, préfigure ainsi le caractère encore plus dramatique de la nouvelle libération. Dans celle-ci, ce ne sont plus des coupables qui subissent les conséquences, mais l'innocent par excellence, le seul innocent que la terre ait jamais porté. Dans la nouvelle libération, Dieu lui-même reporte sur son propre Fils toute la colère et le châtiment que mérite la méchanceté des humains, assumant ainsi en lui-même et contre lui-même cette violence qui inquiète tant à la lecture des récits de l'Ancien Testament.

Est-ce à dire que cette colère contre le mal soit désormais entièrement éteinte ? Elle l'est assurément pour celui qui croit, comme l'écrit l'apôtre Paul aux Romains : « Il n'y a donc maintenant plus aucune condamnation *pour ceux qui sont en*

Jésus-Christ. » (Romains 8.1). Elle subsiste cependant contre le mal qui ne cesse de défigurer notre monde : « La colère de Dieu se révèle du ciel contre toute impiété et toute injustice des humains qui retiennent la vérité captive. » (Romains 1.18). Cette colère, déjà perceptible aujourd'hui mais encore contenue, Dieu lui donnera libre cours au jour de son jugement, annoncé dans l'Apocalypse comme le grand jour de la colère *de l'Agneau* (Apocalypse 6.16-17). Cette dernière expression, en portant la colère au compte de l'Agneau, celui-là seul qui peut détourner la colère de Dieu, montre qu'il n'y aura plus aucun refuge. Les objets de cette colère le disent à leur manière en demandant aux montagnes et aux rochers de tomber sur eux et en lançant cette interrogation sans réponse : « Qui pourrait subsister ? » (verset 17).

Les deux derniers textes cités appartiennent au Nouveau Testament, ce qui souligne bien la cohérence de l'action divine d'une alliance à l'autre, dans le châtiment comme dans la grâce, et l'erreur tragique que l'on commet en opposant trop sommairement la grâce de la nouvelle alliance à la sévérité de l'ancienne.

Confiance dans la cohérence de Dieu : elle est le salut de celui qui croit. Confiance, même lorsque cette cohérence heurte notre logique ou notre sensibilité. Dieu serait-il Dieu s'il se coulait si docilement dans le moule de nos représentations ?

CHAPITRE 2

Dieu donne sa loi (Exode 19-40)

Avec la loi, nous voici directement aux prises avec le contraste marqué dans le prologue du quatrième Évangile : « La *loi* a été donnée par Moïse, la *grâce* et la *vérité* sont venues par Jésus-Christ. » (Jean 1.17).

Mesurons d'abord l'importance que prend la loi dans le livre de l'Exode, dans le Pentateuque et dans l'Ancien Testament dans son ensemble.

Le don de la loi occupe plus de la moitié du livre de l'Exode. Du chapitre 19 au chapitre 40, c'est-à-dire 22 chapitres sur 40, alors que le récit de la délivrance n'en comprenait que 15. Même si l'on retire du compte de ces 22 chapitres les trois chapitres du récit du veau d'or (32-34), où la loi n'est pourtant pas absente (la moitié du chapitre 34 est un énoncé de lois), le nombre de chapitres consacrés au don de la loi reste supérieur à celui des chapitres consacrés à la narration. Cela crée d'ailleurs une tension avec le titre du livre, hérité de la tradition grecque : l'Exode. Il ne convient en fait qu'à une partie de son contenu. Le livre est aussi, et peut-être plus encore si l'on mesure l'importance à la *quantité*, le livre du don de la loi.

Mais, outre la quantité, la *place* de la loi dans la *structure* des cinq premiers livres de la Bible renseigne sur son importance. Elle occupe la seconde moitié de l'Exode, tout le Lévitique, encore une bonne moitié du livre des Nombres, et c'est encore elle qui est largement présentée comme conclusion du Pentateuque dans le dernier livre, le Deutéronome. Comme la loi est située dans le cadre du récit qui court depuis les origines de l'humanité dans le livre de la Genèse, jusqu'à l'arrivée aux portes de la terre promise dans le livre des Nombres et à la mort de Moïse à la fin du Deutéronome, on peut très sérieusement se demander si l'objet principal du Pentateuque n'est pas la loi, les récits servant plutôt à la présenter. Dans la tradition juive ce premier ensemble de la Bible est d'ailleurs appelé la *Tora*, la loi. Un nom qui se répercute ensuite sur l'ensemble de l'Ancien Testament.

Les chrétiens soupçonneront le judaïsme d'avoir accordé une importance excessive à la loi dans la révélation divine. Mais les données objectives que l'on vient de relever sont difficilement contestables : la quantité, la structure de l'ensemble, montrent que ce n'est pas seulement le judaïsme plus tardif qui accorde une place centrale à la loi, mais l'Ancien Testament lui-même. Le Nouveau Testament le confirme d'ailleurs en mettant en parallèle la *loi* de Moïse, la grâce et la vérité de Jésus-Christ.

Cette partie du livre de l'Exode étant moins connue que les récits du début, il n'est probablement pas inutile d'en retracer les grandes lignes. La loi étant située dans le récit, on peut distinguer deux grands événements et trois ensembles de lois.

Les deux grands événements sont :

- La manifestation de la présence de Dieu sur le Mont Sinaï. On l'appelle *théophanie*, mot qui signifie apparition de Dieu. Le récit en est donné au chapitre 19 et à la fin du chapitre 20.
- La conclusion de l'alliance entre Dieu et Israël rapportée au chapitre 24. On laisse de côté, pour l'instant, un troisième événement majeur qui est l'affaire du veau d'or. Il sera examiné à part (chapitres 32-34).

Les trois ensembles de lois sont :

- Le *décalogue* proclamé directement par Dieu au cours de la théophanie (20.1-17), la partie la plus connue de la loi.
- Une série de lois qui concernent plutôt l'organisation de la

société, des lois au sens contemporain du terme. Cet ensemble est habituellement désigné sous le nom de *code de l'alliance.* Il comprend les chapitres 21 à 23.

- Le troisième ensemble (25-31), le plus détaillé, est une description des objets du culte, coffre de l'alliance, autels, etc. et du lieu de culte, le tabernacle. Les chapitres 35-40 qui font suite au récit du veau d'or reprennent mot à mot les instructions des chapitres 25-31 signalant dans le détail comment ces instructions ont été exactement suivies.

Lorsqu'on relie ces trois ensembles de lois aux deux événements fondateurs, comme ils le sont dans le texte de l'Exode, on se trouve en présence d'une communication graduelle des instructions divines dans le cadre d'un engagement progressif des deux partenaires, Dieu et Israël, dans l'alliance qui les lie l'un à l'autre.

Quand Dieu vient à la rencontre de son peuple, manifestant sa présence sur le Mont Sinaï par les éclairs, le tonnerre, les nuées, le tremblement dont la montagne est secouée, il proclame le décalogue qui énonce les principes fondamentaux, les devoirs de l'être humain, envers Dieu d'abord, envers son prochain ensuite, sans que les deux puissent être dissociés. Ce sont les règles de base de la piété et de la morale. Dieu a pris soin de les énoncer lui-même du haut de la montagne, court-circuitant le médiateur Moïse qu'il a contraint de redescendre, alors qu'il venait de le convoquer au sommet de la montagne [1]. C'est en bas, avec le peuple, que Moïse entendra Dieu proclamer les dix paroles.

Les lois civiles du code de l'alliance seront communiquées ensuite à Moïse. Il se rend pour cela sur la montagne, reprenant ainsi son office de médiateur, interrompu par la proclamation du décalogue. C'est sur la base de ces lois civiles que l'alliance sera conclue au chapitre 24. Moïse rapporte oralement les lois au peuple (24.3), il les met par écrit (verset 4), il organise au pied de la montagne une cérémonie au cours de laquelle des sacrifices sont offerts (verset 5), la loi qui vient d'être rédigée est lue (verset 7), le peuple s'engage à l'observer (verset 7), Moïse fait aspersion sur le peuple avec le sang des sacrifices offerts en

---

1 Le Seigneur lui dit : « Va, descends ; tu monteras ensuite avec Aaron… » (19.24), « Moïse descendit vers le peuple… » (19.25), « Alors Dieu prononça toutes ces paroles disant… » (20.1), suit le décalogue.

déclarant : « Ceci est le sang de l'alliance que Dieu conclut avec vous sur la base de ces paroles. » (verset 8). Puis une délégation des Israélites est admise sur la montagne où a lieu un repas en présence de Dieu (verset 11).

Ainsi l'alliance est conclue alors que le culte n'a pas encore été institué. Les instructions concernant le culte viendront ensuite (chapitres 25 à 31).

Revenons au contraste de l'évangéliste : « La *loi* a été donnée par Moïse, la *grâce* et la *vérité* sont venues par Jésus-Christ. » Comment la cohérence de Dieu et de son action se manifestent-elles en rapport avec la loi donnée au Sinaï ?

La cohérence de Dieu peut être d'abord perçue dans le fait que le contraste loi et grâce, loi de Moïse et grâce de Jésus-Christ, n'est pas absolu, un contraste du tout ou rien, tout n'étant que loi d'un côté, que grâce de l'autre. Il y a *déjà de la grâce* dans la loi de Moïse et il y a *encore de la loi* dans la grâce de Jésus-Christ.

La grâce dans la loi de Moïse est perceptible en plusieurs endroits.

Elle apparaît déjà dans le fait que la *libération* précède la loi. « Je suis le Seigneur ton Dieu qui t'ai fait sortir du pays d'Égypte, de la maison de servitude. » (20.2), c'est par ces mots que s'ouvre le décalogue. La loi n'est pas donnée en vue de la libération. Dieu commence par délivrer son peuple, un peuple auquel il n'a pas demandé de mériter sa libération par l'observation de la loi. Dieu le libère par grâce, parce qu'il a fait des promesses aux patriarches, parce qu'il est touché par sa détresse [2]. C'est ensuite qu'il lui donne la loi. Et si la loi a affaire avec la libération, on pourra en déduire qu'elle est donnée pour préserver, pour assurer dans la durée cette liberté qui a été octroyée par pure grâce à un peuple incapable de se la procurer lui-même, et qui, même dans sa

---

2 Pour les promesses faites aux patriarches, voir par exemple Exode 6.4 : « J'ai établi mon alliance avec eux pour leur donner Canaan, le pays où ils ont séjourné en immigrés. » Au verset suivant, fidélité à l'alliance et compassion envers les Israélites réduits en esclavage sont reliés : « J'ai entendu les soupirs des Israélites que les Égyptiens réduisent en esclavage, et je me suis souvenu de mon alliance. » (6.5).

position de victime, n'était pas considéré par Dieu comme innocent (d'où la nécessité du sacrifice de la Pâque).

La grâce de Dieu se voit aussi dans le *contenu* de la loi. C'est une loi de grâce, de libération. La première disposition du code de l'alliance (Exode 21-23), c'est la libération de l'esclave hébreu après six années de service : « Voici les ordonnances que tu placeras devant eux : Lorsque tu acquerras un esclave hébreu, il te servira pendant six années ; mais la septième année, il sortira libre, sans rien payer. » (21.1-2). Une disposition qui n'a pas son pareil dans toute l'Antiquité et même au-delà. Imaginez : un code civil qui commence par des dispositions relatives aux SDF. C'est l'inverse de la hiérarchie sociale habituelle, c'est la grâce. On s'occupe d'abord de savoir comment celui qui, pour une raison ou une autre, se trouve dans une misère telle qu'il n'a plus de moyen de subsistance, en est réduit à se vendre comme esclave, ou a fini par être vendu en raison de ses dettes, comment il va pouvoir sortir de cette situation. Et le grand ensemble de lois qui, partant du décalogue, s'étend jusqu'à la fin du Lévitique, se termine par la loi du jubilé (Lévitique 25) qui confirme que les esclaves hébreux, ne sont pas vraiment des esclaves. Ils doivent être traités plutôt comme de libres employés, et ils doivent, de toute façon, être affranchis à l'année du jubilé lorsque les terres seront restituées aux familles qui les avaient perdues : « Ce sont mes esclaves que j'ai fait sortir du pays d'Égypte, dit Dieu, ils ne seront pas vendus comme des esclaves. » (Lévitique 25.42).

Un troisième indice de la présence de la grâce dans la loi, peut être perçu dans le quatrième commandement du décalogue, le commandement du sabbat. Imaginez, parmi les dix règles les plus importantes, celles qui déterminent les devoirs les plus sacrés de l'être humain envers Dieu et envers son prochain : qui oserait penser que l'un de ces devoirs fondamentaux soit de se reposer, même si ce n'est qu'un jour par semaine ? Donner la dîme ? Offrir des sacrifices ? Aller en pèlerinage ? Se priver de tel mets ou de tel loisir ? Travailler davantage ... pour donner davantage ? Non. Se reposer : « Le septième jour est le sabbat du Seigneur ton Dieu. » (20.10). Le jour de Dieu, c'est un jour de repos parce que Dieu lui aussi, lui d'abord, s'est reposé. Nous ne sommes pas dans la logique des contraintes matérielles qui implique que pour que les uns se reposent, les autres travaillent.

Dans la mythologie de l'époque, on racontait que les humains travaillaient à la place des dieux pour que ceux-ci puissent se reposer [3]. Mais ici c'est parce que Dieu s'est reposé que l'être humain est convié lui aussi au repos, à entrer dans le repos de Dieu. Repos de Dieu, repos de l'être humain et par voie de conséquence, de tous ceux qui dépendent de lui et dont la loi s'attarde à égrener la liste jusqu'au bétail, et jusqu'à l'étranger : « Ni toi, ni ton fils, ni ta fille, ni ton serviteur, ni ta servante, ni ton bétail, ni ton étranger qui est dans tes portes [4]. » (20.10).

Ainsi dans la loi de Moïse il y a déjà de la grâce. Et dans la grâce de Jésus-Christ, il y a encore de la loi. Jésus le souligne par des déclarations explicites. « Ne pensez pas que je sois venu abolir la loi ou les prophètes. Je suis venu non pour abolir, mais pour accomplir. » (Matthieu 5.17). La suite de son enseignement dans le sermon sur la montagne, montre bien que cet accomplissement de la loi n'exclut absolument pas l'obéissance concrète aux commandements, mais la comprend : « Celui qui violera l'un des plus petits commandements et qui enseignera aux gens à le faire, sera appelé le plus petit dans le royaume des cieux, mais celui qui les mettra en pratique et les enseignera, celui-là sera appelé grand dans le royaume des cieux. » (verset 19). Jésus enfonce encore le clou en prenant pour référence les pharisiens, bien connus pour leur observation méticuleuse de la loi : « Si votre justice ne surpasse pas celle des scribes et des pharisiens, vous n'entrerez jamais dans le royaume des cieux. » (verset 20). Jésus ne dit pas de faire autrement, de faire mieux, ou de faire moins, il dit de faire *plus*. Cela ne ressort pas toujours aussi nettement de nos

---

3 Le poème babylonien *Atra-hasis*, du 17e siècle av. J.-C., raconte comment, pour répondre à la révolte des dieux inférieurs, lassés de rendre service aux dieux supérieurs, le dieu Éa décide ceux-ci à créer des humains pour qu'ils « portent le panier des dieux » (ligne 197). Le panier, symbole du travail servile, est celui que portent à l'époque les ouvriers du bâtiment pour transporter la terre et les autres matériaux de construction. Cf. *La création et le déluge d'après les textes du Proche-Orient ancien*, Supplément aux Cahiers Évangile 64, 1988.

4 Si l'étranger apparaît en fin de liste, après le bétail, c'est certainement parce que l'ordre de la liste est celui d'une dépendance décroissante vis-à-vis du maître de maison dont dépendent directement les enfants, les esclaves et les animaux, moins directement l'étranger.

traductions françaises modernes, mais il est évident qu'on est dans le registre de la quantité, avec le verbe *périsseuô*, « faire plus », et l'adjectif comparatif *pleion*, « plus abondant. »

D'autre part, la façon dont Jésus résume la loi [5], montre le lien profond qui unit la loi et son propre enseignement. Il ne la considère pas comme un ensemble de règles tatillonnes et désuètes, une façon perverse d'envisager l'existence, la relation avec Dieu et nos semblables. Non, pour lui la loi touche à l'essentiel, à l'amour de Dieu et du prochain, exposés dans les deux parties du décalogue, que l'on appelle communément les deux tables de la loi. Et c'est dans la loi elle-même qu'il va puiser les deux commandements qui la résument. Dans le Deutéronome, pour l'amour de Dieu (Deutéronome 6.5) et dans le Lévitique, pour l'amour du prochain (Lévitique 19.18).

Le contraste entre la loi donnée par Moïse et la grâce venue par Jésus-Christ, ménage donc une continuité et une cohérence du dessein divin : il y a de la grâce dans la loi, il y a de la loi dans la grâce. Mais il y a cependant un contraste dont il faut maintenant rendre compte sans contester le lien qui les unit.

La façon dont s'exprime l'évangéliste nous met sur la voie d'une solution. Dans le contraste qu'il établit entre *la loi* de Moïse, *la grâce et la vérité* de Jésus-Christ, la symétrie n'est pas totale. De la loi, il dit qu'elle a été *donnée* par Moïse, de la grâce et de la vérité, qu'elles sont *advenues* par Jésus-Christ. Moïse n'est qu'un intermédiaire, il a transmis la loi de Dieu. Jésus-Christ, lui, a fait venir la grâce. Elle est venue en sa personne, par le fait même de l'incarnation, comme le dit Jean quelques versets plus haut (Jean 1.14) : « La Parole [6] a été faite chair, et elle a habité parmi nous, plénitude *de grâce et de vérité.* »

Cette grâce, déjà visible dans la vie et l'enseignement de Jésus, c'est par sa mort, par son sacrifice qu'elle est accessible aux humains. Jean l'évangéliste, juste après le prologue, donne la

---

5 « Tu aimeras le Seigneur ton Dieu de tout ton cœur, de toute ton âme et de toute ton intelligence. C'est là le grand commandement, le premier. Un second cependant lui est semblable : Tu aimeras ton prochain comme toi-même. De ces deux commandements dépendent toute la loi et les prophètes. » (Matthieu 22.37-40).

6 C'est ainsi qu'il désigne le Christ dans le prologue. En grec : le *logos*.

parole à l'autre Jean, le Baptiste, pour présenter Jésus comme l'agneau de Dieu qui ôte le péché du monde (Jean 1.29).

Ainsi la grâce, déjà présente dans la loi, ce n'est pas par Moïse qu'elle est advenue, Jésus-Christ seul a pu faire advenir cette grâce dont témoigne la loi de manière anticipée. Sans la venue de Jésus-Christ, il ne pourrait y avoir de grâce dans la loi de Moïse, ou cette grâce resterait très incertaine, comme en suspens, en attente de la personne qui l'incarne, en attente de l'événement qui la rend possible. Ainsi les deux temps de l'action de Dieu que sont le don de la loi et la venue de la grâce en Jésus-Christ, se trouvent articulés, reliés l'un à l'autre de manière à ne pouvoir être dissociés. C'est notre avantage, comme croyants de la nouvelle alliance, de pouvoir envisager l'ensemble, le don de la loi, l'articulation entre la loi et la grâce, à partir et au travers de la venue de la grâce en Jésus-Christ. Nous savons que Jésus-Christ est mort pour nous, à notre place, qu'il n'y a plus de condamnation pour ceux qui sont en Jésus-Christ. « Qui accusera ceux que Dieu a choisis ? C'est Dieu qui justifie ! Qui condamnera ? C'est Jésus-Christ qui est mort ! Bien plus, il est ressuscité, il est à la droite de Dieu et il intercède pour nous ! » (Romains 8.34-35). Et recevant ainsi cette plénitude de grâce évoquée par Jean (Jean 1.16) [7], nous pouvons envisager la loi et ses directives de manière positive.

Il y a cependant des aspects de la loi que nous avons laissés de côté jusqu'à présent. Et il n'est pas possible d'en faire abstraction car la loi forme un tout. Cette loi qui nous expose les devoirs fondamentaux de la piété et de la morale, qui est déjà empreinte de grâce, comporte aussi bien des dispositions étranges, des règles alimentaires, des règles de pureté rituelle, relatives notamment à la sexualité, aux règles [8], à l'accouchement, à la maladie. Et quant à l'ordre social, cette loi prévoit pour certains crimes ou délits des sanctions très dures. La peine de mort y est souvent requise, non seulement en cas de meurtre, mais pour indiscipline invétérée par exemple, pour adultère, sorcellerie, pratique homosexuelle. Elle réglemente sans les abolir, l'esclavage, la polygamie, la répudiation. La condition de la femme y est incontestablement inférieure

7 « Nous avons tous reçu de sa plénitude, et grâce pour grâce. »

8 Au sens gynécologique du terme.

à celle de l'homme. Nous voyons ainsi ressurgir notre impertinente question : Dieu est-il cohérent ?

Au cours de l'histoire de l'Église, une grille d'interprétation de la loi a été développée qui peut aider à mieux sérier les questions que l'on vient d'énumérer en vrac. Elle consiste à distinguer dans la loi trois catégories d'énoncés.

Premièrement, ceux qui touchent à la *piété* et à la *morale* et dont la validité est permanente. Il est évident que tuer, voler, mentir, manquer de respect à ses parents [9], ou même maudire un sourd ou faire tomber un aveugle [10] sont et seront toujours de mauvaises actions et que se soucier des pauvres, respecter l'orphelin, la veuve, l'étranger restent des principes de bonne conduite universels et permanents.

La troisième catégorie d'énoncés touche au *culte*, aux *rites*. L'enseignement de Jésus, et surtout de Paul, nous montre que ces règles doivent être considérées comme transitoires. Le chrétien n'offre plus de sacrifice, ne pratique plus, comme rite de sa foi, la circoncision, n'a plus à respecter des règles de pureté rituelles touchant à l'alimentation et à la sexualité [11]. Ces règles étaient rudimentaires, caractéristiques de l'étape antérieure et dépassée de l'ancienne alliance. Le chrétien en est affranchi. La cohérence de l'action de Dieu est cependant perceptible, même dans ces dispositions transitoires : un lien symbolique les unit à la réalité qui est en Christ. Cela est particulièrement visible pour les sacrifices qui préfigurent l'offrande unique et parfaite du Christ qui abolit par là même les ordonnances relatives aux sacrifices. Cette troisième catégorie ne présente donc guère de problèmes de cohérence.

C'est la deuxième catégorie d'énoncés qui, en fait, pose les problèmes de cohérence les plus redoutables. Elle traite de *l'organisation sociale*, de la manière d'envisager et de régler certains *litiges*, des *sanctions* à infliger aux contrevenants, etc. Avec ce type d'énoncés, c'est toute la question du rapport du chrétien et de l'Église avec la dimension sociale et politique de l'existence

---

9 Voir les commandements du décalogue.

10 Voir Lévitique 19.14 : « Tu ne maudiras pas un sourd et tu ne mettras devant un aveugle aucun obstacle qui puisse le faire trébucher. »

11 On ne parle ici que des règles de pureté rituelle. On n'entend évidemment pas soustraire la pratique sexuelle à la morale !

humaine qui se trouve posée. Sur ces questions les chrétiens ont, suivant le temps et les circonstances, hésité ou opté résolument pour des attitudes différentes, parfois diamétralement opposées : depuis le retrait total du monde jusqu'à l'investissement politique le plus actif, depuis le soutien délibéré à l'ordre établi jusqu'à l'activisme révolutionnaire. La réponse en effet n'est pas simple.

La question est rarement abordée dans le Nouveau Testament, mais, heureusement, Jésus, répondant à une question portant sur le divorce, a ouvert une voie d'approche. C'est à cause de la dureté de votre cœur, explique Jésus, que Moïse a permis la répudiation (Matthieu 19.8). En rattachant cette disposition de la loi à la prise en compte de la dureté du cœur humain, Jésus incite à considérer la loi, dans sa composante civile et pénale, non pas comme une loi idéale reproduisant sans aucun écart la volonté du Créateur, mais comme adaptée à des conditions imparfaites, plus ou moins dégradées, qui obligent à des écarts plus ou moins grands avec les intentions divines. Réglementer la répudiation plutôt que l'interdire purement et simplement, c'est tenir compte de la méchanceté des humains, hommes ou femmes — mais dans le cas particulier les femmes risquent plutôt d'être victimes. Cette méchanceté amènera, que cela soit licite ou pas, une proportion non négligeable de maris à répudier de fait leur épouse. Dans ce cas la réglementation qui impose au mari l'obligation de rédiger à l'intention de son épouse un acte de répudiation, vient tempérer quelque peu la dureté de la situation. Il apporte la preuve que la femme est dégagée de toute obligation envers son ex-mari, et lui apporte la garantie d'une situation juridique claire à partir de laquelle elle peut tenter de « refaire sa vie » comme on dit aujourd'hui (Deutéronome 24.1-2).

Cela reste dur, même injuste. La loi de Moïse n'entreprend pas de redresser toutes les injustices. De manière très réaliste elle renvoie en fait à l'injustice foncière des humains qui précède les lois, contourne les lois, va jusqu'à inspirer des lois injustes ou à se jouer des lois les mieux intentionnées pour se donner libre cours.

D'ailleurs, ayant donné cette explication qui ouvre tout grand le champ d'une réflexion chrétienne sur les législations humaines, Jésus s'empresse de refermer le débat législatif ouvert par ses interlocuteurs pour les renvoyer à la morale qui se nourrit de la volonté du Créateur : « au commencement il n'en était pas ainsi »

(Matthieu 19.8). Il définit ainsi la priorité pour le croyant de la nouvelle alliance : mettre en pratique la volonté du Créateur et l'enseigner. Cette mission explicite du croyant ne l'emporte-t-elle pas sur toute participation éventuelle aux débats législatifs, soit pour dénoncer ou contrecarrer des projets jugés néfastes, soit pour élaborer des lois plus humaines ? Bien que cela reste une des formes légitimes de la responsabilité chrétienne, ce n'est pas la mission première du croyant ou de l'Église. Ceux qui veulent s'engager plus avant dans cette réflexion utile liront avec profit les ouvrages de John Stott ou de Christopher Wright [12].

Cohérence de Dieu dans la loi et la grâce qui trace la voie de notre propre cohérence vis-à-vis de Dieu.

Cohérence de la *repentance*. Dieu ne nous sauve pas en annulant sa loi. Nous sommes réellement coupables devant lui. C'est son pardon que nous devons obtenir, et nous pouvons l'obtenir par Jésus-Christ.

Cohérence de *l'obéissance*. Dieu ne nous sauve pas sans nous appeler à une conduite qui *lui* fasse honneur et *nous* fasse honneur.

---

12 John Stott, *Le chrétien et les défis de la vie moderne*, 2 volumes, Méry-sur-Oise, Sator, 1988, 1989.
Christopher J.H. Wright, *L'éthique et l'Ancien Testament*, Cléon d'Andran, Excelsis, 2007, 607 p.

CHAPITRE 3

Dieu pardonne (Exode 32-34)

Avec le thème du pardon, on approche dans l'ancienne alliance, au plus près de cette grâce qui est spécifique à la nouvelle alliance selon les mots du prologue de Jean : « La grâce est venue par Jésus-Christ. » (Jean 1.17).

On a déjà perçu au cœur de l'ancienne alliance, le déploiement de la grâce divine, dans la *libération* accordée au peuple d'Israël, et dans la *loi* elle-même (dans la loi, il y a déjà de la grâce). Mais avec l'affaire du veau d'or, la présence de la grâce au cœur de l'ancienne alliance est encore plus manifeste.

L'événement intervient dans le récit du don de la loi, comme un contretemps déplorable et scandaleux. Le drame se produit alors que le processus du don de la loi et l'engagement dans l'alliance étaient entrés dans leur phase ultime. Dieu avait communiqué le décalogue (20.1-17), le code de l'alliance (chapitres 21 à 23), il venait d'achever de donner à Moïse la description du mobilier et du lieu de culte (chapitres 25 à 31). Dieu avait manifesté sa présence de manière impressionnante sur le mont

Sinaï [1], il avait reçu une délégation d'Israélites sur la montagne, ils avaient vu Dieu, ils avaient mangé et bu et Dieu n'avait pas porté la main sur eux [2]. Le peuple était entré en alliance avec Dieu ; par trois fois il s'était engagé à obéir aux instructions divines (19.8 ; 24.3, 7). Dans une cérémonie solennelle au pied de la montagne, le peuple avait reçu l'aspersion du sang des sacrifices offerts, et ces paroles solennelles avaient été prononcées pour souligner le sérieux du pacte conclu (24.8) : « Voici le sang de l'alliance que Dieu a conclue avec vous sur toutes ces paroles. » Les instructions que Moïse achevait de recevoir sur la montagne concernant la tente et son mobilier cultuel, avaient pour fonction de représenter symboliquement la présence de Dieu au milieu de son peuple [3], un sanctuaire qui se déplacerait avec le peuple et qui, aussi bien lors des trajets qu'au campement, se trouverait au milieu du peuple [4].

Et c'est alors que le peuple, ne voyant pas revenir Moïse au bout de près de 40 jours, perd patience et presse Aaron de leur faire un dieu, plus précisément *des* dieux qui marchent devant eux.

La démarche est traversée d'ambiguïtés étranges et multiples. C'est parce qu'ils ont perdu de vue leur chef humain visible, qu'ils veulent un dieu visible, la confusion des deux ou leur caractère interchangeable est surprenante, comme si une image divine pouvait remplacer un chef disparu ! Ils désignent la divinité par un pluriel, aussi bien dans leur démarche pressante auprès d'Aaron : « Fais-nous *des* dieux qui marchent devant nous ! » (32.1) que dans leur célébration devant l'idole : « Israël ! Voici tes dieux qui t'ont fait monter du pays d'Égypte ! » (32.4). Et malgré cette constance dans l'emploi du pluriel, il n'y a qu'une seule

1 Exode 19.16-19 et 20.18

2 Exode 24.9-11

3 « Ils me feront un sanctuaire et j'habiterai au milieu d'eux. » (25.8).

4 Voir dans le livre des Nombres les dispositions prévues pour le campement des Israélites : « Ils camperont en face et tout autour de la tente de la Rencontre. » (Nombres 2.1). Pour les déplacements, les douze tribus sont réparties en quatre corps d'armée, la tente et le mobilier cultuel sont répartis en deux groupes : la Demeure, portée par les fils de Gershon et les fils de Mérari se trouve entre le 1er et le 2e corps d'armée (Nombres 10.17), le sanctuaire proprement dit, porté par les fils de Qéhat, entre le 2e et le 3e corps d'armée (Nombres 10.21).

image. Autre ambiguïté : la divinité ainsi vénérée sous la forme d'un jeune taureau n'est pas censée être différente de Yahvé, celui qui a fait sortir Israël d'Égypte. C'est tout au moins ce qu'essaie de faire valoir Aaron qui, voyant l'engouement du peuple pour l'image ainsi réalisée, proclame pour le lendemain une fête en l'honneur de Yahvé (32.5).

Mais derrière toutes ces équivoques, une chose est claire : Dieu avait interdit toute représentation divine et Israël a désobéi à ce commandement plusieurs fois répété. Deuxième commandement du décalogue, le plus longuement développé après le commandement sur le sabbat, ce seul commandement comprend un quart des mots du décalogue, avec énumération des formes d'images interdites, des actes de culte à ne pas accomplir devant les images, et proclamation solennelle de la jalousie de Dieu et de sa sévérité [5]. Le commandement a été rappelé en avant-propos du code de l'alliance (20.22-23) : « Vous avez vu que je vous ai parlé du ciel, vous ne ferez pas à côté de moi des dieux d'argent ni des dieux d'or, vous n'en ferez pas. »

Ces paroles, le peuple les avait entendues proclamées directement par Dieu pour le décalogue, rapportées oralement par Moïse puis lues par Moïse pour le code de l'alliance. Le peuple ne pouvait pas ignorer l'importance capitale que Dieu attachait au respect de ce commandement.

Tragique désobéissance qui vient remettre en cause tout le processus engagé, depuis l'arrivée au Sinaï, depuis que Dieu avait pris en main le sort de son peuple pour le libérer de l'Égypte, et même depuis que Dieu avait fait alliance avec les patriarches. Dieu se déclare maintenant sur le point d'anéantir le peuple et de tout recommencer à zéro avec Moïse : « Maintenant, laisse-moi, ma colère va s'enflammer contre eux et je vais les supprimer, mais je ferai de toi une grande nation. » (32.10).

---

5 Exode 20.4-6 : « Tu ne te feras pas de statue, ni aucune forme de ce qui est dans le ciel, en haut, de ce qui est sur la terre, en bas, ou de ce qui est au-dessous de la terre, dans les eaux. Tu ne te prosterneras pas devant ces choses-là et tu ne les serviras pas ; car moi, le Seigneur ton Dieu, je suis un Dieu jaloux, qui fais rendre des comptes aux fils pour la faute des pères, jusqu'à la troisième et la quatrième génération de ceux qui me détestent, mais qui agis avec bonté jusqu'à la millième génération envers ceux qui m'aiment et qui observent mes commandements. »

C'est à désespérer de l'être humain, de sa capacité à entrer dans les projets de Dieu. Accomplissez pour lui les plus grands prodiges. Délivrez-le de la détresse la plus grande, montrez-lui le spectacle le plus impressionnant, à tel point qu'il en tremble de peur et se voit déjà mort. Expliquez-lui clairement ce que vous ne voulez pas, ce qu'il ne faut surtout pas faire. Et puis laissez-le sans surveillance, guère plus d'un mois, et voilà ce qu'il vous fait ! Un veau d'or… Et il se prosterne devant lui. Et il dit : Voici tes dieux qui t'ont fait monter d'Égypte. Et il offre des sacrifices. Et il fait la fête [6]. Voyez comme il est heureux !

Tout va basculer… Et pourtant non, Dieu ne va pas anéantir le peuple. Dieu va accepter d'en reprendre la conduite jusqu'au pays promis. Tout dans le récit montre que le drame est surmonté.

1) Le *sanctuaire* va être dressé et aménagé selon les instructions reçues. Dans les chapitres 35 à 40, la reprise mot pour mot des instructions données dans les chapitres 25 à 31 en égrène inlassablement la preuve, verset après verset.
2) Quand le sanctuaire sera mis en service, la *nuée* qui couvrait le Sinaï lorsque Dieu y était descendu, va couvrir le sanctuaire de toile et la gloire de l'Eternel va remplir la tente. À tel point que Moïse lui-même, lui qui avait été convoqué au sommet du mont Sinaï pour rencontrer Dieu, ne pouvait pas même pénétrer dans la tente (40.34-35).
3) Le drame s'achève par une nouvelle *théophanie* qui répond en quelque sorte à la première où Dieu avait donné sa loi. Dieu prend encore la peine de manifester sa présence sur la montagne, de graver deux nouvelles tablettes de pierre identiques aux premières [7], et …
4) Dieu proclame son nom, en une déclaration symétrique de celle qui accompagnait le second commandement transgressé par le peuple.

La différence entre les deux proclamations est significative.

6 Exode 32.6 : « Le lendemain, ils se levèrent de bon matin, ils offrirent des holocaustes et présentèrent des sacrifices de paix. Le peuple s'assit pour manger et boire ; puis ils se levèrent pour s'amuser. »

7 Exode 34.1-3

Lors de la première théophanie, Dieu déclarait (20.5-6) : « Moi, le Seigneur ton Dieu je suis un Dieu jaloux qui punit la faute des pères sur les fils jusqu'à la troisième génération et la quatrième de ceux qui me haïssent, mais qui exerce la bonté jusqu'à mille générations envers ceux qui m'aiment et qui observent mes commandements. »

Lors de la nouvelle théophanie, il proclame (34.6-7) : « Le Seigneur, le Seigneur, Dieu compatissant et miséricordieux, lent à la colère et grand par la fidélité et la bonté, qui conserve sa bonté jusqu'à mille générations, qui pardonne la faute, la transgression et le péché, mais qui ne tient pas le coupable pour innocent, qui punit la faute des pères sur les fils et les fils des fils, jusqu'à la troisième et la quatrième génération. »

La symétrie des déclarations est remarquable : dans chacune d'elles on retrouve les troisième et quatrième générations de la punition, les mille générations de la bonté. Mais dans l'ordre inverse. D'abord la sévérité et ensuite la bonté en contrepoint pour le deuxième commandement ; d'abord la bonté, puis la sévérité en contrepoint après le veau d'or.

Dans chaque énoncé, Dieu reçoit un qualificatif emblématique : Dieu *jaloux* pour le deuxième commandement, Dieu *compatissant* et miséricordieux, lent à la colère et grand par la fidélité et la bonté, après le veau d'or. L'accumulation des qualificatifs lorsqu'il s'agit de célébrer la grâce de Dieu est impressionnante lorsqu'on les met en regard du seul qualificatif « jaloux » qui accompagne le décalogue. Sept termes différents pour énoncer la bonté de Dieu, contre un seul. L'énoncé des sept termes marque une amplification progressive :

- deux adjectifs simples qui font assonance : *raḥûm weḥanûn*, compatissant et miséricordieux,
- puis un adjectif doublé d'un substantif : lent à la colère, litt. long de colère,
- puis un autre adjectif doublé, non pas d'un seul, mais de deux substantifs : abondant de bonté et de fidélité. Il se produit comme un emballement des termes [8] :

---

8 Voici le décompte des termes en hébreu : « compatissant » (1) + « miséricordieux » (1) + « lent / de colère » (2) + « abondant / de bonté / et de fidélité » (3).

1 + 1 + 2 + 3, encore mieux perceptible au compte les syllabes [9] : 2 + 3 + 5 + 7. La grâce en s'énonçant devenant de plus en plus généreuse [10].

Dernière différence marquante entre les deux déclarations symétriques : dans la partie positive, la célébration de la bonté de Dieu à l'égard de ceux qui l'aiment et gardent ses commandements, est enrichie après le veau d'or, par l'annonce de son pardon. Il est un Dieu qui garde sa bonté jusqu'à mille générations et qui pardonne la faute. Là encore, le triple énoncé de la faute souligne toute l'étendue de la générosité divine : « qui pardonne la faute, la transgression et le péché. »

Ce qui apparaissait comme un drame — et cela en était bien un — se révèle être pour Dieu une occasion de révéler un trait essentiel de sa personne dont il n'avait pas jusqu'alors pu donner la pleine mesure. Comme ces personnalités qui dans l'épreuve révèlent des richesses insoupçonnées, c'est dans l'épreuve du péché inexcusable de son peuple que Dieu donne toute la mesure de sa grâce.

Mais il ne faut pas céder à la tentation de nous hâter vers la conclusion heureuse et lumineuse. Les péripéties du drame sont essentielles à une juste appréciation de la grâce divine, à la perception de son caractère inouï, bouleversant, miraculeux. Quand Dieu pardonne, ce n'est jamais banal, ce n'est jamais normal.

Entrons dans le drame et les péripéties de sa résolution.

Et d'abord, pourquoi était-ce un si grand crime que de confectionner un veau d'or ? La mentalité occidentale moderne a beaucoup de peine à comprendre qu'une offense à la divinité puisse être

---

9 On compte le nombre de syllabes de chacun des mots ou groupes de mots distingués.

10 On pourra noter aussi la recherche euphonique des deux paires de mots : ***raḥûm weḥanûn*** (compatissant et miséricordieux, même dessein vocalique ***a***, ***û***, même accentuation sur la dernière syllabe du mot, présence dans les deux mots de la consonne ***ḥ*** et parenté des consonnes ***m*** et ***n***, ***ḥèsèd we'èmèt*** (bonté et fidélité), même dessein vocalique et même accentuation sur la première syllabe du mot, parenté des finales en dentales ***d*** et ***t***. Il est vrai que ces deux paires sont fréquentes en hébreu biblique, mais l'auteur a eu soin d'utiliser leur euphonie pour mettre en valeur, avec la générosité de la grâce, son harmonie.

si grave. Pour les gens civilisés que l'on estime être, il n'y a de crimes que contre les humains. En matière de religion c'est la tolérance qui doit prévaloir. On a beaucoup de peine à comprendre l'indignation profonde, viscérale, éprouvée en d'autres temps, ou aujourd'hui en d'autres régions du monde, contre ce qui est considéré comme une atteinte à la religion, à la divinité.

Cette polarisation sur le mal fait aux humains, comme seul mal véritable, n'est probablement pas sans rapport avec l'influence exercée sur nos sociétés par le message chrétien. C'est bien la Bible qui apprend à aimer Dieu et son prochain, qui dit que l'un ne va sans l'autre, que prétendre aimer et respecter Dieu sans aimer son prochain est un mensonge [11]. Mais lorsque ce message est sécularisé, lorsque la référence à Dieu s'estompe en une perception indistincte, il ne reste plus que l'amour du prochain et l'on ne comprend plus pourquoi l'offense à Dieu serait si grave.

Une façon de contourner le problème serait d'expliquer : si la fabrication et l'adoration du veau d'or étaient si graves, c'est parce qu'elles portaient *en fait* atteinte à la dignité humaine. Selon le message biblique, Dieu a créé l'être humain à son image. Celui-ci a pour fonction de représenter Dieu dans le monde. Fabriquer des images pour les adorer, c'est porter atteinte conjointement à Dieu et à l'être humain. Voyez ces hommes, ces femmes, ces enfants, créés pour être l'image de Dieu dans le monde, voyez-les prosternés devant un animal, un veau, et en plus un veau fabriqué, incapable de se mouvoir, incapable de rien faire, et qui s'écrient : « Voici tes dieux qui t'ont fait monter d'Égypte. » Quelle déchéance ! Quelle atteinte à la dignité humaine !

L'observation est juste, la Bible invite à la faire, elle confirme que la cause de Dieu et celle de l'être humain bien comprises sont solidaires. Mais ce que le récit invite à reconnaître, c'est que l'offense à Dieu, que l'on comprenne ou non sa corrélation avec un tort fait à l'être humain, est en soi de la plus extrême gravité.

C'est ce que Dieu voulait faire comprendre dans le décalogue en assortissant le deuxième commandement d'une déclaration sur sa jalousie : « car moi, le Seigneur ton Dieu, je suis un Dieu

---

11 1 Jean 4.20 : « Si quelqu'un dit : « J'aime Dieu », et qu'il déteste son frère, c'est un menteur, car celui qui n'aime pas son frère, qu'il voit, ne peut aimer Dieu, qu'il ne voit pas. »

jaloux qui punit la faute … » Jalousie ne signifie pas que Dieu envierait des biens ou des qualités qu'il n'aurait pas mais qu'il ne tolère pas de rival, ni d'autre dieu, ni même d'image.

Il est significatif que cette mention de la jalousie de Dieu ne suive pas la mention d'autres dieux dans le premier commandement, comme cela paraîtrait naturel : « Tu n'auras pas d'autres dieux devant ma face … car moi le Seigneur ton Dieu, je suis un Dieu jaloux. » C'est ce qu'on attendrait, mais la mention de la jalousie de Dieu intervient de manière surprenante à la fin du deuxième commandement qui interdit les images, c'est-à-dire que l'amour exclusif de Dieu est offensé non seulement par l'adoration d'autres divinités portant d'autres noms que lui, baals, astartés ou autres, mais déjà par le seul fait de le représenter sous forme d'images.

On voit bien ici l'inanité des manœuvres d'Aaron qui essaie de maintenir la chose dans des limites plus ou moins acceptables en proclamant une fête pour Yahvé devant l'idole [12].

Aucune voie moyenne, aucune atténuation possible. Dans les démarches hardies, répétées déployées par Moïse, où il va jusqu'à demander à Dieu de *se repentir* du mal qui arriverait au peuple, jamais, jamais, Moïse ne cherche à atténuer en rien la faute du peuple, à lui chercher la moindre excuse, la moindre circonstance atténuante : « Ce peuple a commis un grand péché. » (32.31). Le seul à tenter des excuses, c'est Aaron, et elles sont pitoyables lorsqu'il tente d'expliquer l'apparition du veau d'or par une sorte de génération spontanée : « Je l'ai mis au feu (l'or) … et il en est sorti ce veau » (32.24).

La gravité de la faute ressort :

- De la *sanction* prévue par Dieu pour la punir, l'anéantissement du peuple (32.10).
- De la longueur et de la complexité de la démarche d'intercession de Moïse pour obtenir le pardon, il n'obtient pas que des succès, il essuie aussi des refus et il persévère.
- De la rigueur des *mesures disciplinaires* mises en œuvre par Moïse pour mettre fin à l'infraction et rétablir l'ordre.

Dieu ne pardonne pas facilement. Deux termes employés pour

---

12 Exode 32.5 : « Demain, il y aura une fête pour le Seigneur. »

Dieu nous renvoient en plein cœur toute l'intensité de la confrontation :

- Le mot « *colère* ». Dieu dit à Moïse : « Laisse-moi, ma colère va s'enflammer et je vais les supprimer. » (32.10).
- Le verbe « *se repentir* ». Moïse implore Dieu : « Reviens de l'ardeur de ta colère, repens-toi du mal qui arriverait à ton peuple. » (32.12).

Ces deux mots sont typiquement humains. Comme humains, nous connaissons, chez les autres et en nous-même, cet emportement qui nous fait réagir, parfois très violemment à ce qui nous heurte, nous blesse, nous apparaît inacceptable. Notre fragilité, nos erreurs, nous contraignent aussi à changer parfois d'avis, à regretter plus ou moins amèrement ce que nous avons fait ou dit, à revenir sur ce que nous avions juré de faire ou de ne pas faire. Mais Dieu pourrait-il lui aussi être secoué de passions aussi fortes ?

Certes, ce sont des façons de parler, elles ne doivent pas nous laisser penser que Dieu serait sujet aux mêmes fragilités ni surtout aux mêmes *défauts* que nous. N'allons pas imaginer la colère de Dieu comme un emportement sans motif ou incontrôlé. Ni sa repentance comme de l'inconstance, ni surtout le regret d'une faute qu'il aurait commise ou médité de faire. L'Ancien Testament, qui emploie plusieurs fois pour Dieu le vocabulaire de la repentance, prend aussi soin de préciser : « Il n'est pas un humain pour mentir, ni un fils d'humain pour se repentir. » (Nombres 23.19).

Colère et repentance de Dieu n'ont pas leur source en une quelconque imperfection interne. Elles signalent l'intensité, la profondeur, la violence de ses réactions. Face au mal d'abord : la colère. Il est intéressant de constater que Moïse qui s'était employé, sur la montagne, à apaiser la colère de Dieu, lorsqu'il se trouve au bas de la montagne, devant le spectacle du peuple livré à l'idolâtrie devant le veau d'or, est lui-même saisi de colère (32.19) et jette les tablettes de la loi et les brise.

Dieu est aussi très profondément remué par le malheur des humains, et alors que sa colère légitime contre le mal devrait avoir pour conséquence l'anéantissement du peuple, Moïse sait qu'on peut au moins essayer de le faire changer d'avis en le rendant attentif au malheur qui frapperait son peuple. C'est bien ce qu'il tente et réussit à obtenir.

Ce drame complexe où la grâce triomphe au travers de la colère et du châtiment, est une remarquable préfiguration de l'œuvre de grâce accomplie par Jésus-Christ.

Dans l'une des phases de l'intercession de Moïse, lorsqu'il tente d'obtenir l'expiation de la faute commise par le peuple, Moïse va jusqu'à mettre son propre sort en jeu pour faire pencher la balance : « Pardonne, sinon efface-moi de ton livre que tu as écrit. » (32.32). Moïse est prêt à se sacrifier pour que le peuple soit pardonné. Il ne dit pas qu'il s'offre *à la place* du peuple, mais il se déclare à ce point solidaire du sort de son peuple, lui qui pourtant n'avait pris aucune part à son péché, que Dieu ne pourrait pas les dissocier dans la condamnation ou le pardon.

Mais c'est d'un revers de main que Dieu écarte cet élan généreux ; il est irrecevable : « C'est celui qui a péché que j'effacerai de mon livre. Maintenant va, conduis le peuple où je t'ai dit, mon ange marchera devant toi, et, quand je choisirai de le faire, je m'occuperai d'eux à cause de leur péché. » (versets 33-34).

Comment ne pas voir, derrière le dévouement impossible de Moïse, se profiler la figure du Christ qui s'est offert, non seulement comme *solidaire* des coupables, mais *à la place* des coupables que nous sommes et qui donne tout son fondement à la grâce de Dieu proclamée lors de la nouvelle théophanie. Car dans le récit de l'Exode, le pardon de Dieu reste incertain, il n'est pas explicitement déclaré. Moïse le demande encore, lorsqu'il est admis sur la montagne pour contempler, de dos, la gloire de Dieu : « Que le Seigneur marche au milieu de nous … tu pardonneras notre faute et notre péché » (34.9). Mais Dieu ne répond pas explicitement à cette demande.

Pour obtenir vraiment et définitivement le pardon de Dieu, il faut un intercesseur encore plus convainquant que Moïse, comme il faut une victime moins symbolique que l'agneau pascal. L'un et l'autre se trouvent parfaitement réunis en Jésus-Christ, l'agneau pascal de notre libération, l'intercesseur de notre pardon. Merveilleuse cohérence de la personne et de l'œuvre de Dieu !

CHAPITRE 4

La présence de Dieu

La question et le mystère de la présence de Dieu sillonnent de part en part le livre de l'Exode, depuis la situation désespérée du peuple d'Israël en Égypte qui pouvait laisser croire à l'absence de Dieu (2.23-25) jusqu'à la nuée qui couvre le sanctuaire de toile de telle sorte que Moïse lui-même ne pouvait y pénétrer (40.34-35), en passant par la révélation du buisson ardent (3.1-5), la théophanie [1] du Sinaï (19.16-19), la réception sur la montagne des délégués d'Israël (24.9-11) et la vision de la gloire de Dieu accordée à Moïse (33.18-34.5).

C'est lors de la crise du veau d'or que la question se trouve posée avec le plus d'intensité dramatique. Moïse, qui avait obtenu lors de sa première supplique (32.11-13) que Dieu n'anéantisse pas le peuple, échoue dans la seconde étape de sa démarche pour obtenir le pardon (32.30-35), et exprime ensuite sa grande inquiétude à la perspective de devoir conduire le peuple sans être assuré de la présence de Dieu. Il refuse tout net de poursuivre sa mission dans de telles conditions : « Si tu n'y vas pas toi-même, ne nous fais pas monter d'ici. À quoi donc saura-t-on que j'ai trouvé grâce

---

1 Apparition de Dieu

à tes yeux, moi et ton peuple ? N'est-ce pas au fait que tu marches avec nous, et que nous serons traités différemment, moi et ton peuple, de tous les peuples de la terre. » (33.15-16).

Dieu vient en effet d'expliquer le dilemme que lui pose le péché de son peuple. Comment accompagner un peuple si rétif, si prompt à provoquer sa colère ? La solution la plus prudente, la moins dangereuse pour le peuple, ne serait-elle pas que Dieu reste à distance, se contentant de le diriger de loin par le truchement d'un ange : « J'enverrai devant toi un ange … Mais je ne monterai pas au milieu de toi, de peur de t'exterminer en chemin, car tu es un peuple rétif. » (33.2-3).

En évoquant la question de la présence de Dieu, ou de son absence, le narrateur biblique entraîne le lecteur dans une série de tensions déconcertantes.

1) L'envoi de l'ange, présenté ici comme une conséquence du drame du veau d'or, avait déjà été annoncé précédemment comme une disposition normale du plan de Dieu pour conduire le peuple vers le pays promis (23.20-23).
2) Moïse, après avoir appris que Dieu ne marcherait pas au milieu de son peuple, dresse hors du camp, la tente appelée « tente de la *rencontre* », le terme même que Dieu avait employé pour désigner le sanctuaire qui devait symboliser sa présence au milieu de son peuple. Dans la situation de crise provoquée par le veau d'or, il est inimaginable que le sanctuaire prévu ait été confectionné. La réalisation est d'ailleurs rapportée en détail dans les chapitres 35 à 40, après le rétablissement de l'alliance (34). Pourquoi désigner du même terme une tente très certainement différente du sanctuaire initialement prévu ?
3) Lorsque Moïse, après avoir obtenu que Dieu accompagne son peuple, demande à voir la gloire de Dieu, il lui est répondu qu'il ne pourra voir Dieu de face (33.20, 23) ; c'est lorsque la gloire de Dieu aura passé qu'il pourra regarder. Or, juste auparavant, on nous rapporte que, dans la tente de la rencontre dressée hors du camp, Dieu parlait avec Moïse « face à face, comme un homme parle avec son ami » (33.11).

Le lecteur confiant n'a d'autre choix que de se laisser entraîner dans cette série de tensions en espérant mieux percevoir ainsi le mystère de la présence de Dieu.

C'est en conclusion du Code de l'alliance (23.20-23) que Dieu avait annoncé l'envoi d'un ange devant le peuple. Il serait chargé de le garder et de le conduire jusqu'au lieu préparé par Dieu, vers les Cananéens que Dieu ferait disparaître. Dès cette première annonce de la mission angélique, Dieu mettait en garde le peuple contre toute désobéissance envers son messager : « Tiens-toi sur tes gardes devant lui, écoute-le ; ne lui cause pas d'amertume : il ne pardonnera pas vos transgressions, car mon nom est en lui. Si tu l'écoutes, si tu fais tout ce que je te dis, je serai l'ennemi de tes ennemis et l'adversaire de tes adversaires. » (23.21-22).

La comparaison entre les deux mentions de l'ange, avant et après le veau d'or, fait ressortir la complexité de la situation. L'envoi de l'ange n'est pas une disposition nouvelle motivée par le péché du peuple, et sa présence, si l'on se réfère à l'avertissement donné précédemment, ne devait pas mettre le peuple à l'abri de sanctions en cas de désobéissance. La différence entre les deux situations, apparaît donc moins radicale qu'on ne pourrait le penser à la seule lecture du récit du veau d'or. Qu'est-ce qui change vraiment, provoquant ainsi le deuil chez le peuple [2] et l'inquiétude persistante de Moïse ?

Même si l'envoi de l'ange était déjà prévu, le fait que sa mission soit maintenant présentée comme un *substitut* à la présence de Dieu au milieu de son peuple rend la situation incertaine et inquiétante. Il est vrai que l'avertissement donné précédemment en rapport avec la mission de l'ange laissait entendre que l'ange, agissant au nom de Dieu [3], Dieu ne serait pas toujours présent, ou tout au moins ses directives ne seraient communiquées que par l'intermédiaire de cet ange auquel il faudrait obéir comme à Dieu lui-même. Serait-il possible d'envisager que Dieu soit présent et en même temps représenté par l'ange ? La suite du récit biblique, jusqu'à la conquête de Canaan, ne nous éclaire guère sur cette question puisqu'on n'y

---

2 « Lorsque le peuple eut entendu cette parole funeste, il prit le deuil ; personne ne mit ses ornements. » (33.4).

3 Exode 23.21 : « Mon nom est en lui. » Que l'on peut comprendre ainsi : c'est en mon nom qu'il agit, il faut donc lui obéir comme à moi.

retrouve plus la trace de l'ange protégeant ou guidant le peuple vers la terre promise [4].

Le refus de Dieu de monter *au milieu* de son peuple (33.3, 5) nous renvoie en fait au sanctuaire qui devait symboliser la présence de Dieu *au milieu* [5] de son peuple : « Il me feront un sanctuaire et je demeurerai au milieu d'eux. » (25.8). Or, au moment même où Dieu achevait de décrire à Moïse ce sanctuaire, le peuple sombrait dans l'idolâtrie. Il est évident que cette grave faute a interrompu brutalement le projet en cours. Moïse en brisant les tablettes de l'alliance a marqué symboliquement la rupture ainsi consommée. À quoi bon construire un sanctuaire dont l'objet le plus précieux, remis par Dieu lui-même pour être déposé dans la partie la plus sacrée, est désormais détruit ?

Au lieu du sanctuaire dressé *au milieu* du camp, représentant la présence de Dieu parmi son peuple, c'est *hors du camp* que Moïse dresse la tente dans laquelle il rencontre Dieu. Cette tente, Moïse l'appelle « tente de la *rencontre* » (33.7), le terme même que Dieu avait employé pour désigner le sanctuaire [6] où devait figurer le précieux mobilier longuement décrit dans les chapitres 25 à 31. Impossible d'imaginer que Moïse, dans le climat de tension décrit au chapitre 32, ait entrepris la fabrication du sanctuaire prévu. Ce n'est qu'à partir du chapitre 35 que cette réalisation est décrite. Désigner du même nom la tente sommairement dressée hors du camp (33.7), en pleine crise, et le sanctuaire initialement prévu, c'est souligner que l'une prend la place de l'autre. La rencontre que Dieu avait prévu d'instaurer au cœur des tentures et des ors d'un sanctuaire dressé au milieu du camp, a lieu à l'écart, sans décor, sans mobilier, sans prêtres et sans sacrifices. Rien que Moïse et son assistant Josué.

Cependant, dans le dépouillement et l'éloignement de ce sanctuaire de fortune, la relation rompue par le péché d'idolâtrie se rétablit progressivement. C'est bien une tente de la *rencontre* :

---

4 La seule mention d'un ange accompagne l'évocation de la sortie d'Égypte dans le message adressé au roi d'Édom pour lui demander le passage : « Nous avons crié vers le Seigneur, et il nous a entendus. Il a envoyé un ange et nous a fait sortir d'Égypte. » (Nombres 20.16).

5 Le texte hébreu emploie deux mots différents, et de manière constante, mais ils sont largement synonymes.

6 Mentionné 15 fois sous ce nom dans les chapitres 25 à 31.

on peut s'y rendre pour consulter Dieu (33.7), la colonne de nuée s'y arrête chaque fois que Moïse y pénètre. Ce signe visible de la présence de Dieu peut être perçu depuis le camp, ainsi les Israélites vont suivre à distance et s'associer à cette rencontre entre Dieu et Moïse : « Tout le peuple voyait la colonne de nuée s'arrêter à l'entrée de la tente, alors tout le peuple se levait et se prosternait chacun à l'entrée de sa tente. » (33.10).

En fait, dans le dépouillement amorcé par le deuil du peuple et que prolonge l'éloignement de la tente de la rencontre, c'est une relation plus étroite que jamais qui s'instaure entre Dieu et Moïse. Dieu parle avec lui « face à face comme un homme parle à son ami » (33.11). Dans cet échange intime dont les versets suivants nous révèlent le cœur, Moïse obtient de Dieu l'assurance qu'il marchera lui-même [7] avec Moïse et avec le peuple. La perspective inquiétante qui avait provoqué le deuil du peuple est ainsi écartée et, fort de cet avantage, Moïse pousse encore plus loin sa requête demandant à voir la gloire de Dieu : « Fais-moi voir ta gloire. » (33.18).

Mystère que cette présence de Dieu qui, dans la distance du deuil mené par le peuple et du sanctuaire de fortune, se révèle si proche que Moïse risque la demande la plus audacieuse. Mais tout en accédant à la requête, Dieu pose des limites : Moïse ne pourra approcher la gloire de Dieu que caché dans le creux du rocher et couvert par sa main (33.22). Ce n'est pas de face, mais par derrière qu'il pourra le voir, lorsqu'il sera passé. Et c'est en fait sa *bonté* que le Seigneur va faire passer devant Moïse.

La tension est perceptible avec la description précédente : dans la tente de la rencontre, Dieu parlait à Moïse *face à face* comme un homme parle avec son ami, et lorsqu'il accède à la demande suprême de Moïse, voir sa gloire, il l'avertit par deux fois qu'il ne pourra pas voir sa face : « Tu ne pourras pas voir *ma face*,

---

7 Littéralement : « Mon visage marchera et je te donnerai du repos. » (33.14). Moïse insiste ensuite pour que la faveur que Dieu lui promet soit aussi au bénéfice du peuple : « À quoi donc reconnaîtra-t-on que j'ai obtenu ta faveur, moi et ton peuple ? Ne sera-ce pas au fait que tu marcheras avec *nous* et que nous serons distingués, moi et ton peuple, de tous les peuples qui sont à la surface de la terre ? » (33.16). Demande à laquelle Dieu acquiesce : « J'accomplirai aussi cette parole que tu as prononcée, car tu as obtenu ma faveur et je te connais par ton nom. » (33.17).

car l'homme ne peut me voir et vivre. » (33.20), « Tu me verras par derrière, mais *ma face* ne pourra être vue. » (33.23). Cette tension n'est-elle pas inhérente au mystère de la présence de Dieu ? Dans la distance de la tente dressée *hors du camp*, Dieu se révèle proche en s'entretenant avec Moïse *face à face*. Dans la proximité de la révélation de *sa gloire*, Dieu marque la distance, rappelant que sa *face* ne peut être vue par l'être humain sans l'anéantir. Comme si un constant réajustement était nécessaire pour que le croyant jouissant de la présence divine ne perde pas conscience de la distance, et que, souffrant de la distance qui le sépare de Dieu, il découvre le mystère bouleversant de sa grâce qui le rend si proche.

La tension entre l'entretien *face à face* accordé à Moïse (33.11) et le refus qui lui est opposé de voir *la face* de Dieu (33.23) peut aussi être rapportée au contraste entre communication verbale et visuelle, entre la *parole* et la *vue*. L'intimité de relation que Dieu accorde à Moïse dans la parole, il se montre réticent à la lui concéder par la vue. Cette même prééminence de la parole sur la vue apparaissait déjà dans la révélation du buisson ardent où la vision est attribuée à un ange et la parole au Seigneur lui-même [8]. Elle est encore confirmée par la présence prépondérante et quasi exclusive de la proclamation de la bonté de Dieu au cœur de la révélation supplémentaire accordée à Moïse (34.5-8).

Le contraste réapparaît encore tout à la fin du livre de l'Exode lorsque le sanctuaire est achevé. On nous signale que Moïse « ne pouvait pas entrer dans la tente de la rencontre, parce que la nuée demeurait sur elle et que la gloire du Seigneur remplissait la demeure. » (40.35). Dans la tente dressée hors du camp (chapitre 33), Moïse entrait pour parler avec Dieu alors que la nuée était présente : « La colonne de nuée descendait et s'arrêtait à l'entrée de la tente ; alors Dieu parlait avec Moïse. » (33.9). Manifestation exceptionnelle d'un côté pour marquer l'inauguration du sanctuaire, communication quotidienne de l'autre, la présence de

---

8 Exode 3.2 : « Un ange du Seigneur lui apparut en flamme de feu au milieu du buisson », mais ensuite 3.4 : « Dieu l'appela du milieu du buisson. » La plupart des interprètes ont conclu de cette localisation identique, au milieu du feu, de l'ange et du Seigneur que l'ange du Seigneur n'était autre que Dieu lui-même, mais n'est-il pas possible de faire la lecture inverse : c'est directement que Dieu parle, c'est par le truchement de l'ange qu'il provoque le phénomène qui attire le regard de Moïse ?

Dieu ne doit-elle pas toujours être perçue dans cette tension entre impossible et possible ? Impossible de voir Dieu et de rester en vie, et pourtant les anciens, sur la montagne, ont vu Dieu et il n'a pas porté la main sur eux (24.11). Impossible de pénétrer dans la demeure de Dieu remplie de sa gloire, et pourtant Moïse entrait dans la tente et Dieu parlait avec lui (33.9).

Ce mystère du possible de l'impossible se trouve admirablement éclairé par la venue du Fils de Dieu, comme Jean nous le dévoile dans le prologue de son évangile.

« La Parole est devenue chair ; elle a fait sa *demeure* parmi nous » (Jean 1.14). Le terme, dans son sens propre, *dresser sa tente*, renvoie précisément à la tente de la rencontre symbolisant la présence de Dieu au milieu de son peuple. Ce n'est plus seulement par le biais d'une demeure symbolique, c'est en chair et en os que Dieu a manifesté sa présence aux humains, dans un être humain à part entière.

Ainsi la gloire de Dieu, cette gloire que Moïse ne pouvait contempler directement, cette gloire qui, remplissant la tente de la rencontre, lui en interdisait l'accès, cette gloire a été contemplée : « Nous avons vu sa gloire, une gloire de Fils unique venu du Père » (Jean 1.14). Cette gloire, Jean nous la représente comme « pleine de grâce et de vérité ». Ainsi se trouve confirmé le lien entre la gloire et la bonté de Dieu esquissé par la réponse de Dieu à la demande de Moïse. Lui qui demandait à voir sa *gloire* (Exode 33.18), Dieu lui répondait qu'il ferait passer devant lui toute sa *bonté* (33.19), car, disait-il, « je fais grâce à qui je fais grâce ». Sans qu'on puisse absolument confondre la gloire de Dieu avec sa grâce, la grâce apparaît bien comme l'une des composantes les plus fondamentales de la gloire de Dieu. Cette gloire, perceptible en Jésus-Christ est « pleine de grâce et de vérité ». Elle offre au pécheur le pardon et la vie.

Avec la révélation du Fils, l'impossibilité souvent répétée et expérimentée dans l'ancienne alliance, « personne n'a jamais vu Dieu », se trouve résolue : « Le Dieu Fils unique qui est sur le sein du Père, lui, l'a expliqué [9]. » (Jean 1.18).

---

9 Nous nous démarquons ici des traductions habituelles de ce verbe pour faire apparaître son sens le plus courant. Pour le reste du verset nous suivons la traduction de la Nouvelle Bible Segond.

Après les fortes affirmations sur la gloire du Fils unique qui a été vue, on attendrait ici, en conclusion de ce prologue, un verbe plus concret que le verbe « expliquer. » Les traducteurs modernes se sont d'ailleurs employés à lui donner plus de consistance en précisant que le Fils unique « a fait connaître » Dieu ou l'a « révélé ». Ce verbe « *expliquer* » nous renvoie en fait à notre condition actuelle. Certes, Jésus a révélé la gloire du Père, comme il le confirme à son disciple Philippe dans le même évangile : « Celui qui m'a vu a vu le Père. » (Jean 14.9), mais cette vision de la gloire du Père dans la personne du Fils, n'est plus accessible pour nous par la rencontre avec Jésus en chair et en os. Cette demeure de Jésus dans le monde a pris fin lors de son ascension et c'est par l'Esprit qu'il demeure actuellement avec nous [10]. Le temps n'est pas encore venu où sera proclamé : « Voici la demeure de Dieu avec les humains. » (Apocalypse 21.3). C'est sous le mode de *l'explication* que nous est accessible la vision de Dieu. Personne n'a jamais vu Dieu et nous ne le voyons pas encore, mais il nous a été expliqué par le Dieu Fils unique.

La parole reste encore, dans le temps présent, le mode par excellence de la rencontre avec Dieu. Non que Dieu privilégie en absolu la parole sur la vision, puisqu'il propose à notre foi, comme récompense ultime, la vision glorieuse. Dans la nouvelle Jérusalem les serviteurs de Dieu et de l'Agneau le serviront « et verront sa face » (Apocalypse 22.5). Qu'il nous faille aujourd'hui entendre Dieu (la Bible) et lui parler (la prière) plutôt que le voir, constitue une indéniable frustration. Cela explique, sans le justifier, l'empressement des Israélites à se fabriquer du visible en l'absence de Moïse (le veau d'or). Cela explique aussi le profond désarroi du peuple lorsqu'il apprend que Dieu refuse de les accompagner lui-même en demeurant au milieu d'eux. Il est fort possible que ce désarroi se rattache au risque que le sanctuaire prévu (visible) ne soit pas réalisé. Mais en se créant leur propre objet visible, le veau d'or, ils se privaient de l'instrument visible que Dieu était en train de mettre en place (le sanctuaire). Dans toute l'Antiquité, et bien au delà, les sanctuaires ont toujours revêtu une importance cruciale pour la perception de la présence divine. Cette excellence

10 « Je demanderai au Père de vous donner un autre consolateur pour qu'il soit avec vous pour toujours, l'Esprit de vérité. » (Jean 14.16-17).

de la vision explique aussi que la demande suprême de Moïse soit de « voir » la gloire de Dieu.

La tension demeure comme marque de l'imperfection actuelle et attente de la perfection à venir. Elle laisse pourtant de l'espace à notre foi qui ressort grandie de l'absence de la vue, « Heureux ceux qui croient sans avoir vu ! » dit Jésus à Thomas (Jean 20.29). Elle nous protège aussi des méprises causées par les apparences trompeuses, les perceptions immédiates qui tendent à s'imposer par elles-mêmes alors que, dans notre monde perturbé par le mal, le discernement s'avère indispensable. La parole favorise quant à elle ce discernement salutaire.

Peut-être moins tentés par le visible que les Israélites de l'Exode, nous le sommes probablement davantage aujourd'hui par le sensible, au point de tenir pour vrai tout ce que nous ressentons plus ou moins fortement. La religion contemporaine n'échappe pas à cette attraction du sensible, qui cherche à se nourrir de sensations toujours plus fortes, signes réputés infaillibles de la présence et de l'action de Dieu. Sans nier l'importance du ressenti, il apparaît indispensable de le soumettre au critère de la Parole qui reste le mode privilégié de la communion avec Dieu dans le temps présent.

Heureux sommes-nous de vivre le temps de l'attente dans la lumière de la révélation du Fils unique qui nous fait percevoir la cohérence du dessein divin !

Table des matières

Les Éditions Farel seraient heureuses de recevoir vos remarques ou réactions à propos du livre que vous venez de lire.

Veuillez écrire à :

ÉDITIONS FAREL
B.P.20
77421 Marne-la-Vallée, Cedex 2, France
Tèl : 01 64 68 46 44 / Fax : 01 64 68 39 90
E-mail : lire@editionsfarel.com
Site : www.editionsfarel.com

LES GBU FRANCOPHONES

Les GBU (Groupes Bibliques Universitaires) rassemblent des étudiants autour de la Bible. Les GBU organisent des activités telles que des études bibliques, des réunions-débats, des conférences, des camps et des week-ends.

Une parole pour la vie
GBU
Groupes Bibliques Universitaires

Association des Groupes Bibliques Universitaires de France
21, rue Serpente
75006 Paris
www.gbu.fr

gbeu
groupes bibliques des écoles et universités de suisse romande

Groupes Bibliques des Écoles et Universités de Suisse romande
www.gbeu.ch

groupes bibliques universitaires GBU
www.GBU.be

Groupes Bibliques Universitaires et des Écoles Supérieures (Belgique)
www.gbu.be

GBUC Groupes Bibliques Universitaires et Collégiaux du Canada

Groupes Bibliques Universitaires et Collégiaux du Canada
www.gbuc.ca

GBUAF

Groupes Bibliques Universitaires d'Afrique Francophone
www.gbuaf.org

La collection « Question suivante » est proposée par les PBU France. Les Presses Bibliques Universitaires publient des livres au nom des GBU francophones.